Ricky Roogle

Das Super Labyrinthe Buch für Am@ng.us Fans

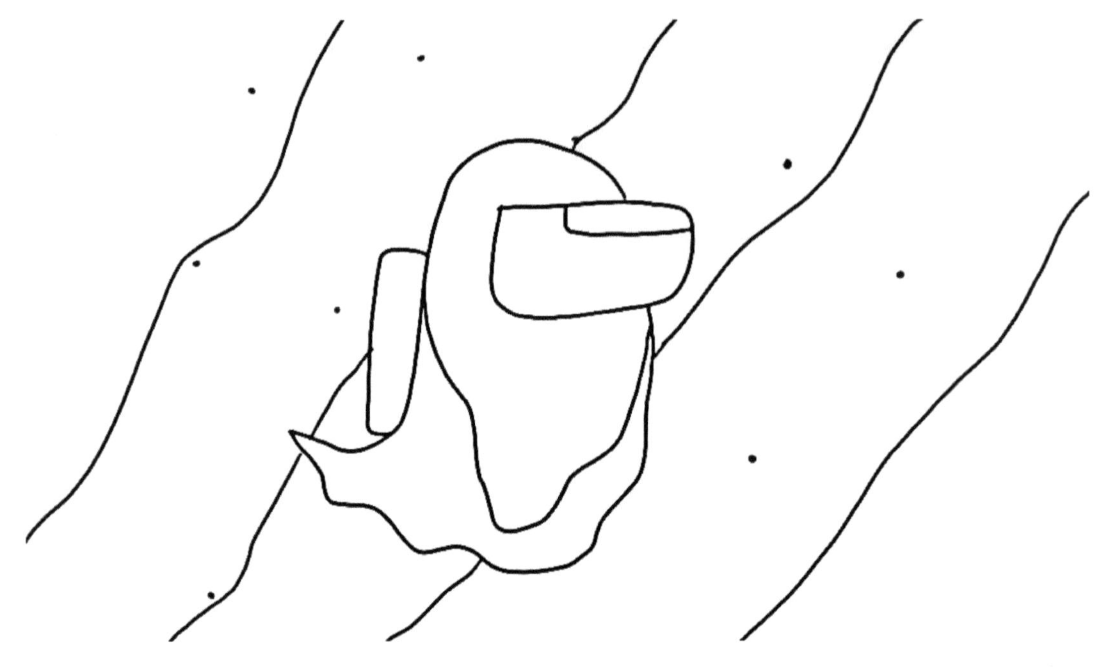

Bibliografische Information der Deutschen Nationalbibliothek:
Die Deutsche Nationalbibliothek verzeichnet diese Publikation in der Deutschen Nationalbibliografie; detaillierte bibliografische
Daten sind im Internet über http://dnb.dnb.de abrufbar.

© 2021 Ricky Roogle; 1. Auflage
Covergrafik, Texte & Illustrationen © 2021 Ricky Roogle
Kontakt Autor: ricky.roogle@t-online.de
Herstellung und Verlag: BoD – Books on Demand, Norderstedt

ISBN: 9783752640649

Hilf Astronaut den Ausgang zu finden.

Ausgang

Lösung zu Labyrinth 1

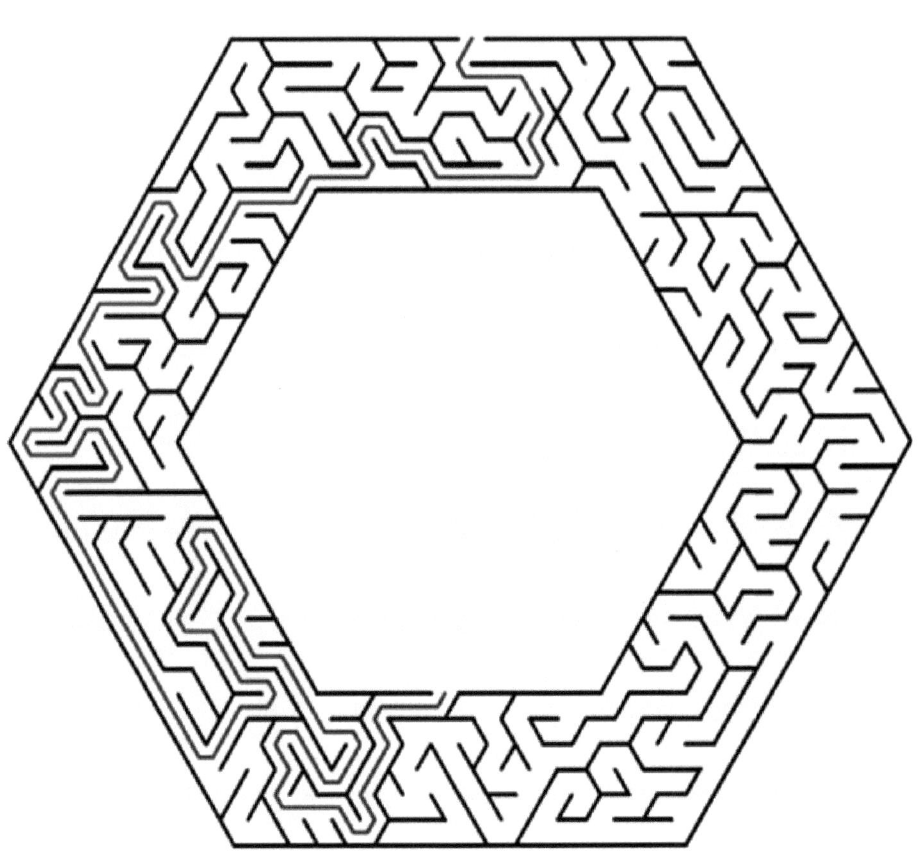

Hilf Bananenhut seinen Hamster zu finden.

2

Hilf dem Polizist
Ellie zu
finden.
3

Lösung zu Labyrinth 3

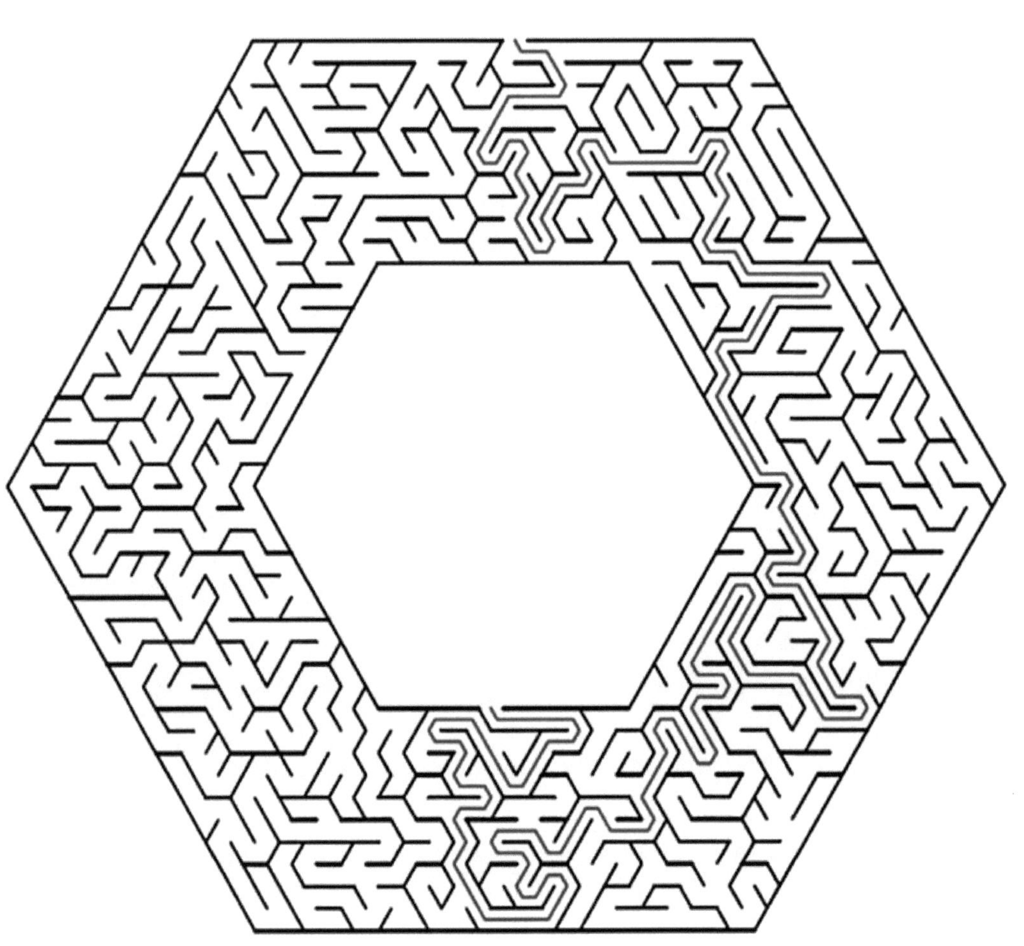

Hilf dem Crewmate
Brainslug
zu finden.

4

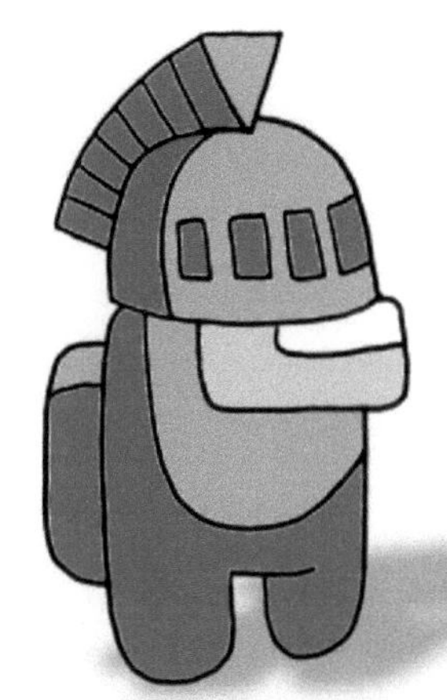

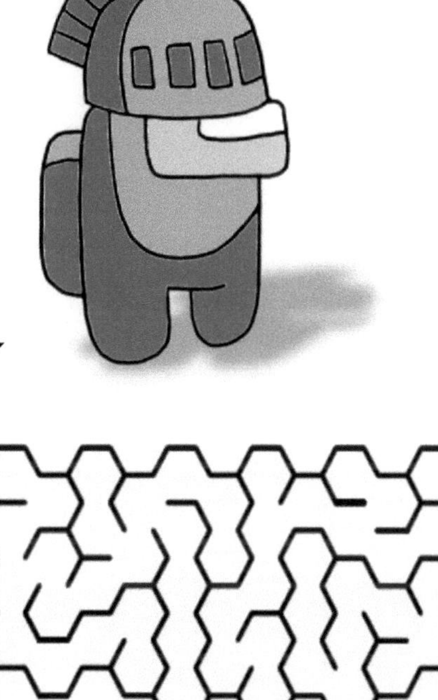

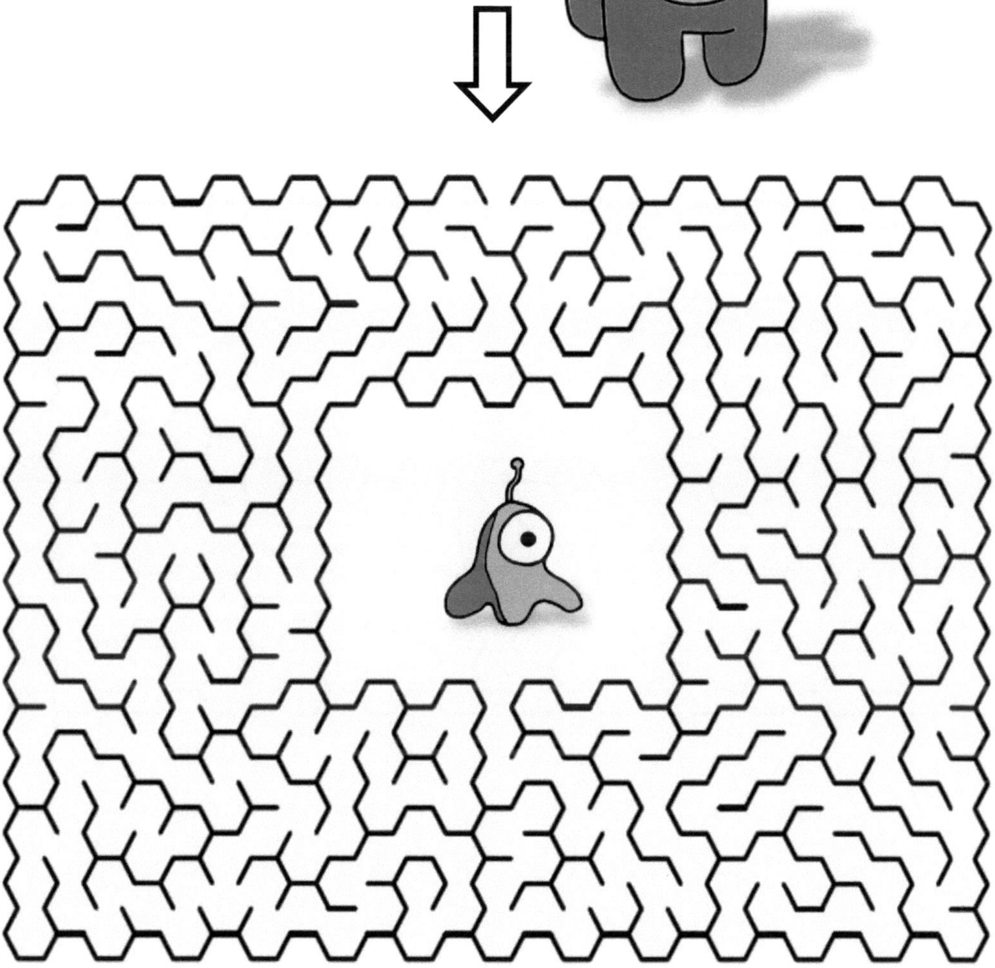

Lösung zu Labyrinth 4

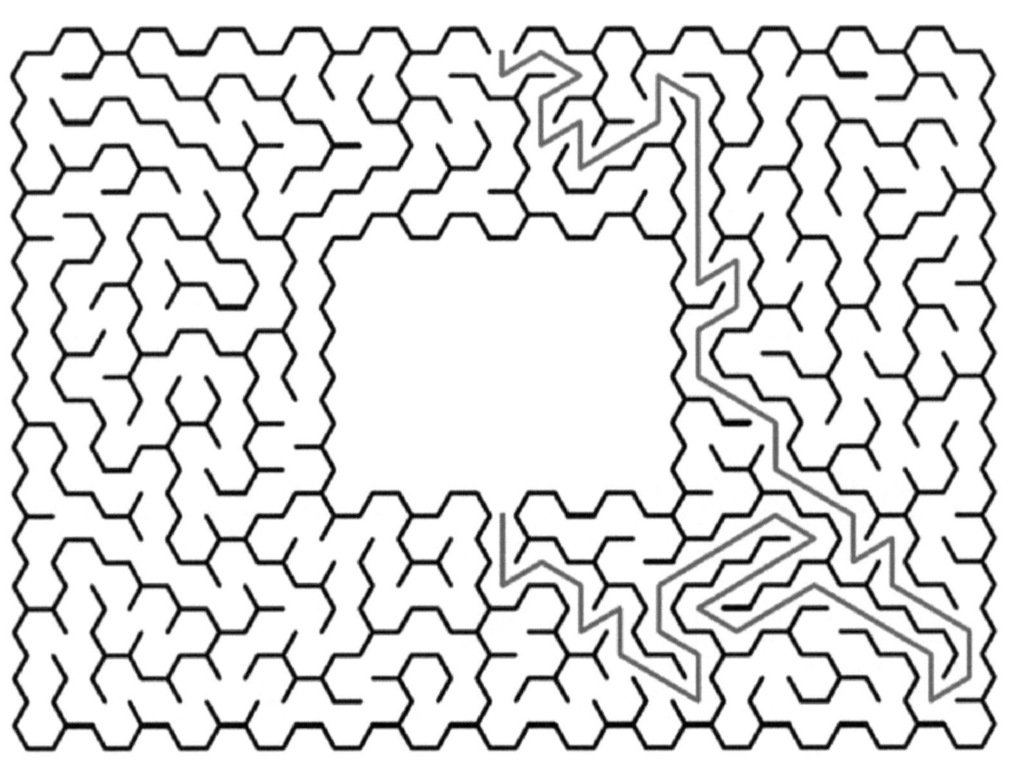

Hilf dem Impostor sein Ufo zu finden.

5

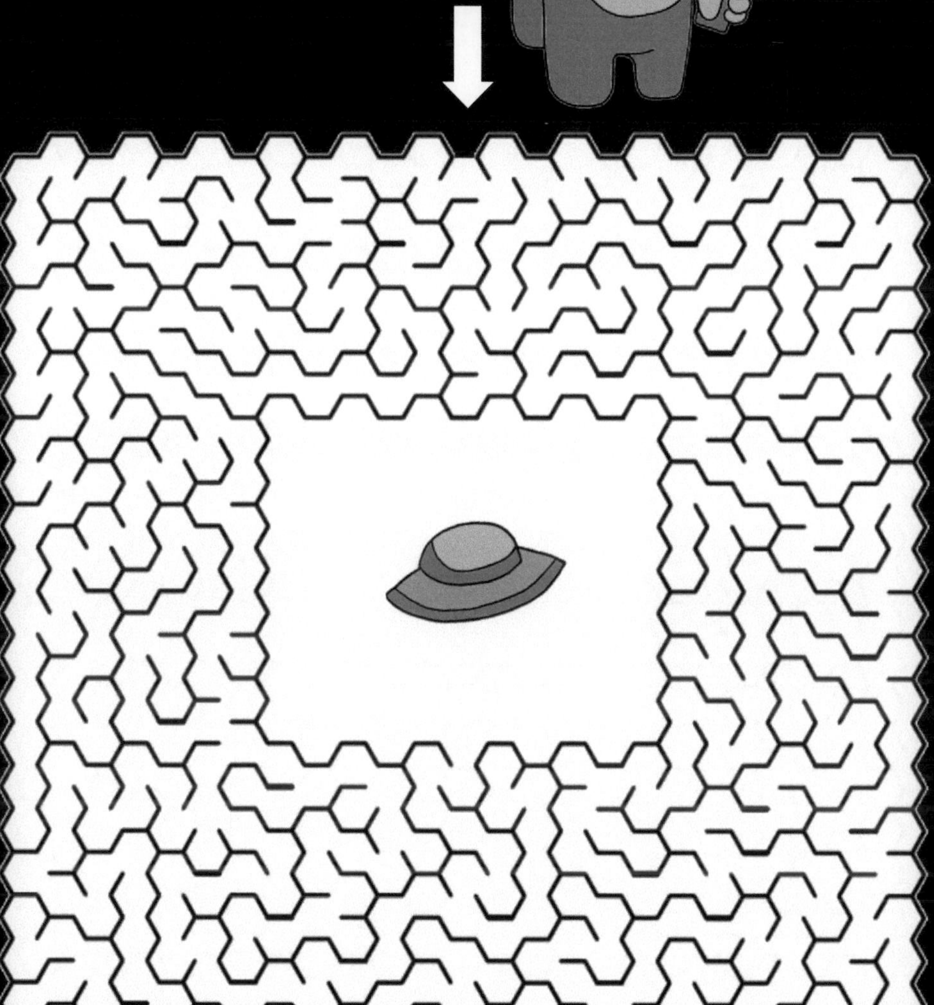

Lösung zu Labyrinth 5

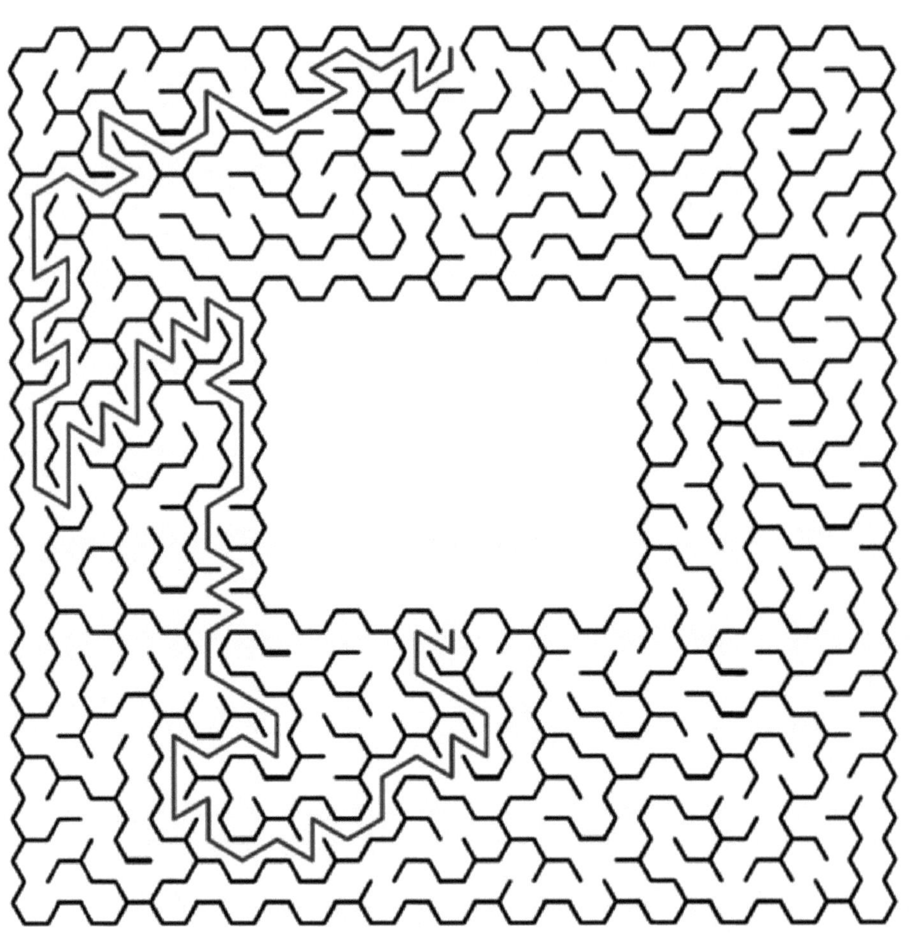

Hilf Blume
ihren Hund
zu finden.

Lösung zu Labyrinth 6

Hilf dem Crewmitglied
zu seinem Hamster
zu kommen.

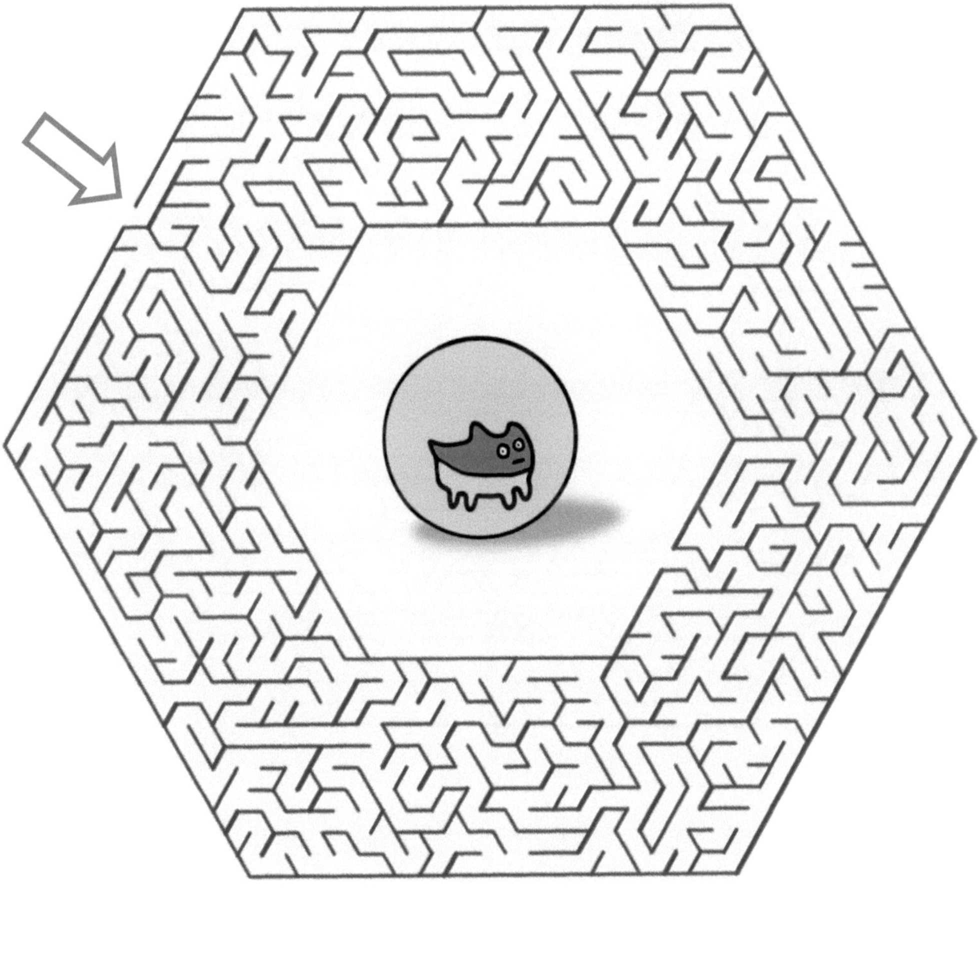

Lösung zu Labyrinth 7

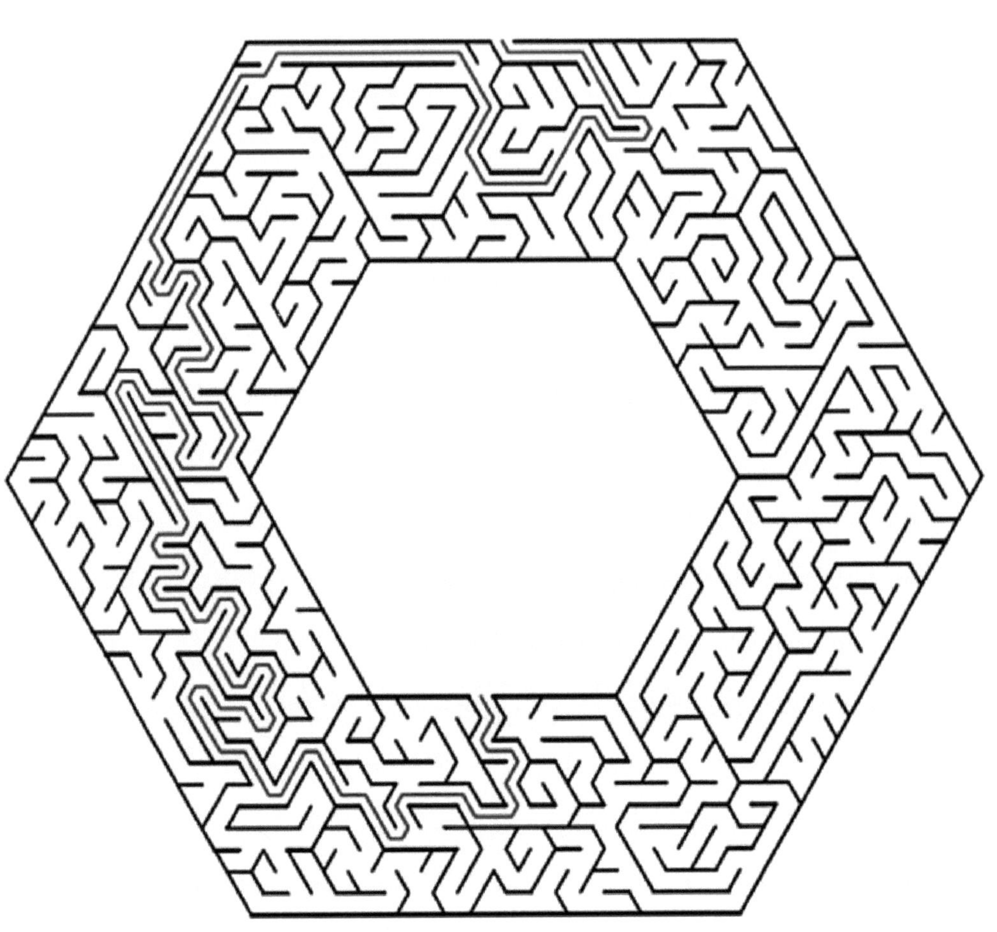

Hilf dem
Weihnachtsmann
zu Bedcrab
zu kommen.

8

Lösung zu Labyrinth 8

Hilf dem Crewmate seinen zweiten Roboter zu finden.

Lösung zu Labyrinth 9

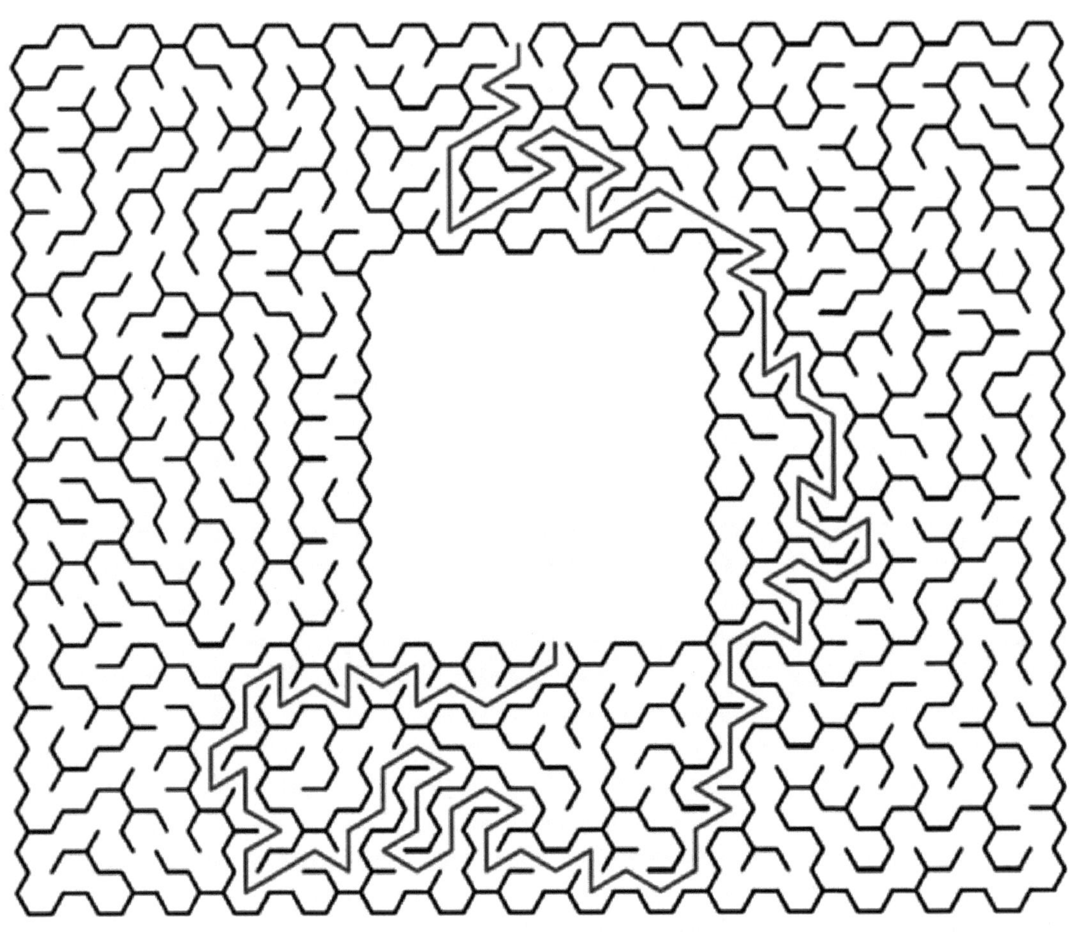

Hilf dem Piloten
einen Vorfall
zu melden.

11

Hilf dem Crewmate Squig zu finden.

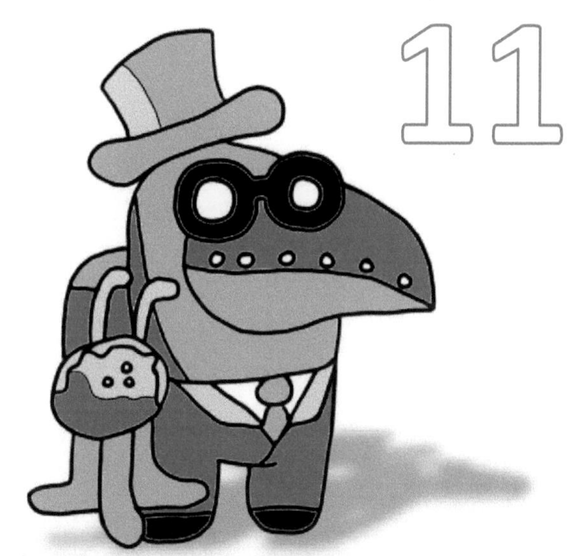

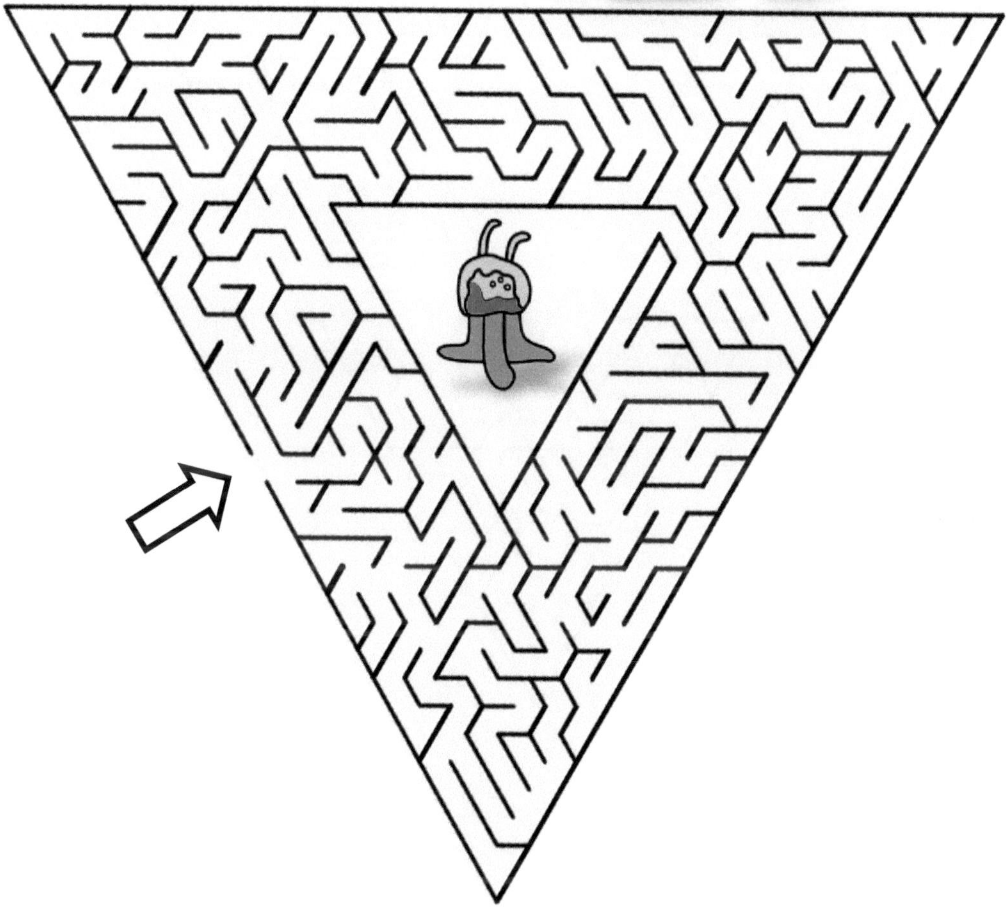

Hilf Herrn Ei zu
Ellie zu kommen.

12

Helfe dem Crewmitglied den Ausgang zu finden.

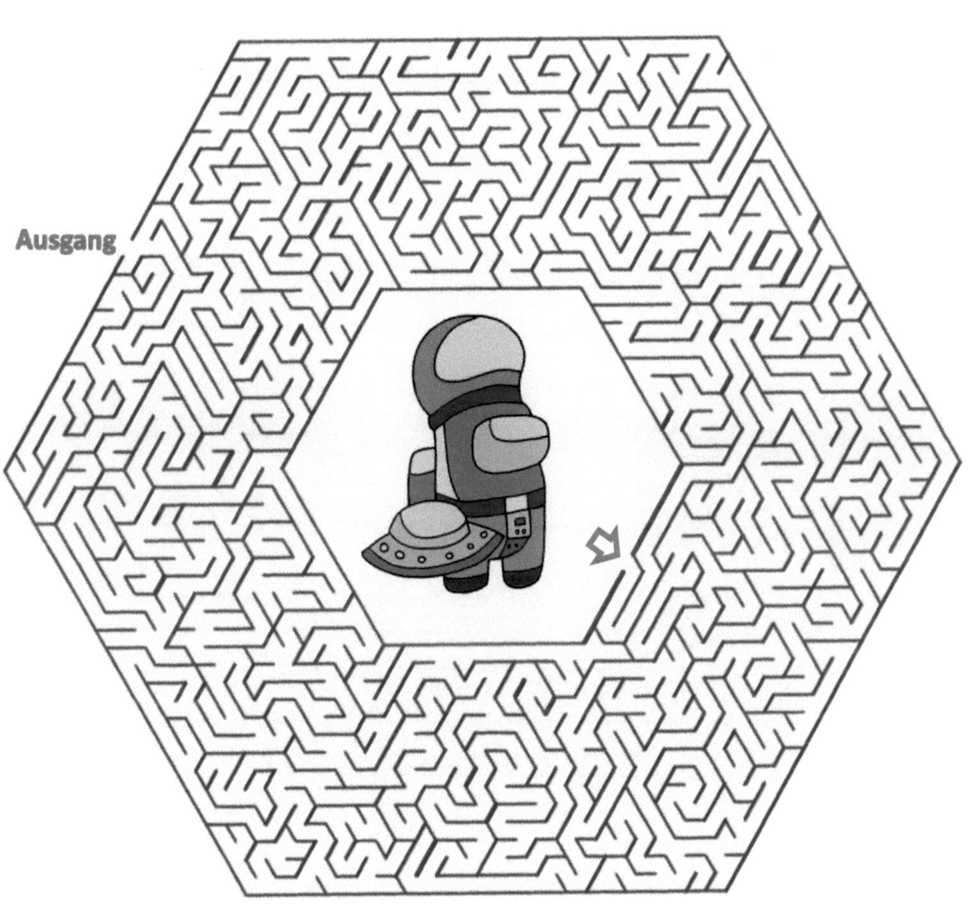

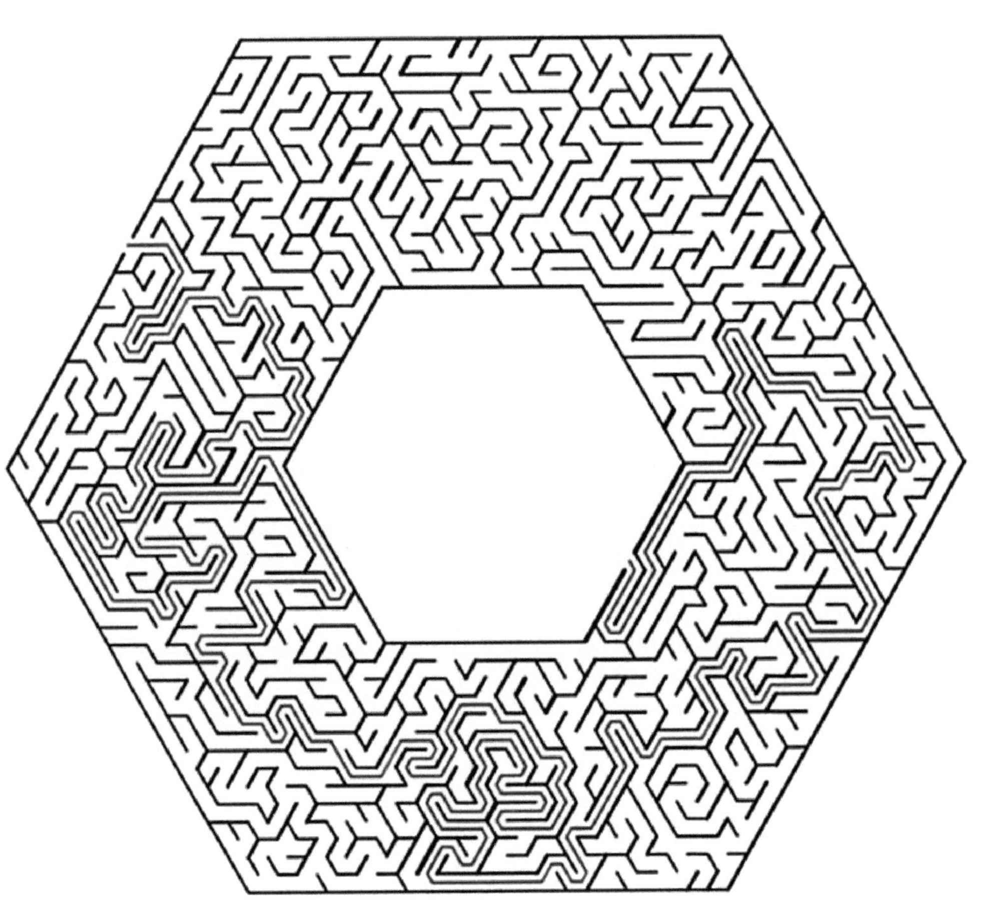

Hilf Henry
zu seinem Crewmate
zurück zu finden.

Lösung zu Labyrinth 14

Hilf Hockeymaske zum Ort der Sabotage zu gelangen.

Lösung zu Labyrinth 15

Hilf dem Crewmate den Bruder seines Hamsters zu finden.

Lösung zu Labyrinth 16

Hilf dem Doktor den Ausgang zu finden.

Ausgang

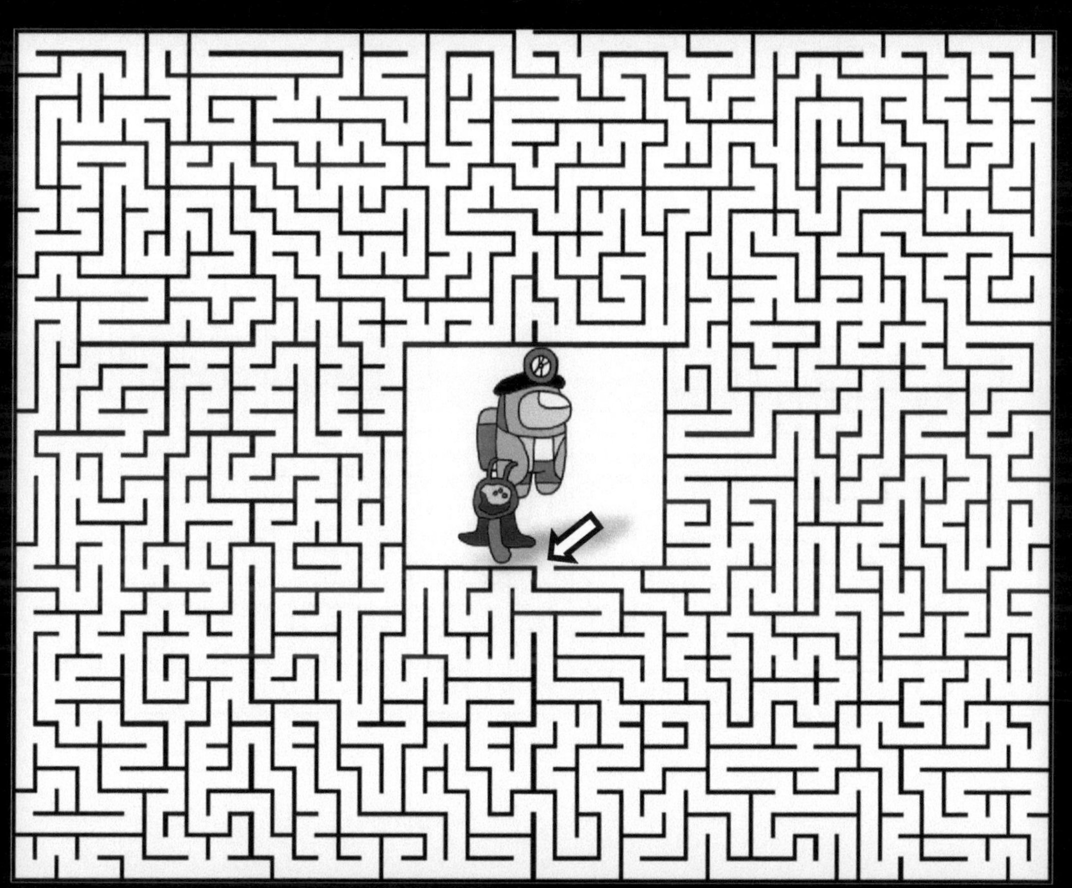

Lösung zu Labyrinth 17

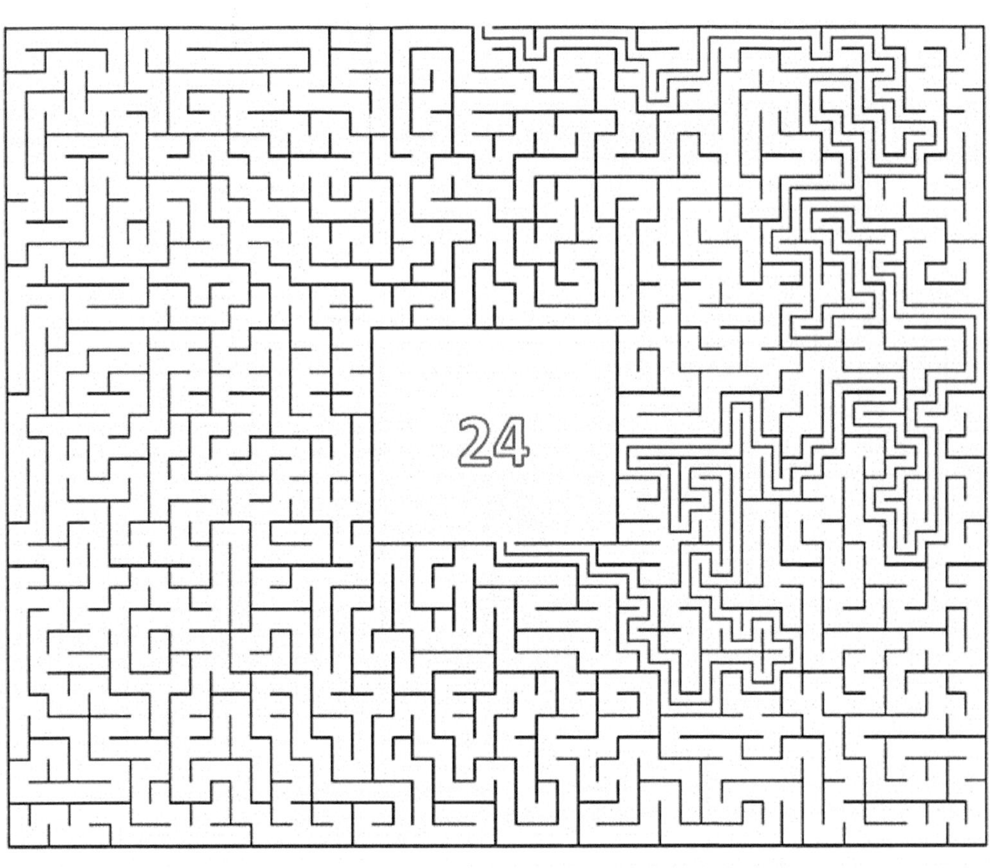

18
Hilf dem Crewmate
den zweiten
Brainslug zu finden.

Lösung zu Labyrinth 18

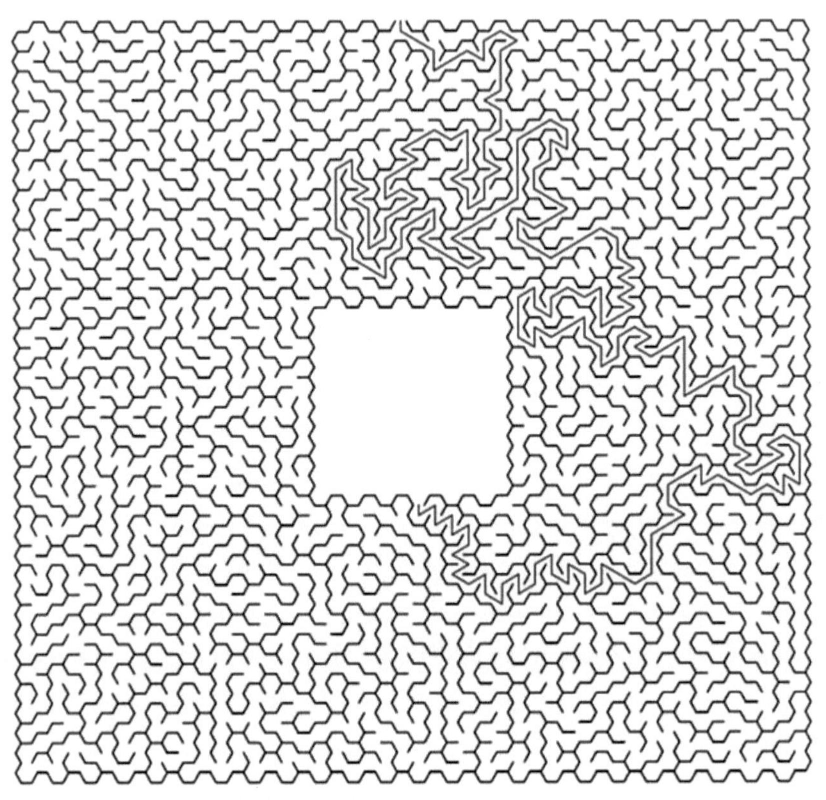

Das
SUPER
AUSMALBUCH
für Ameng.us Fans

Das
CREWMATES
AUSMALBUCH
für Ameng.us Fans

Das
SUPER
LABYRINTHE
BUCH
für Ameng.us Fans
7
13

PASSWORT
LOGBUCH
für Ameng.us Fans

Das
MATHE
AUSMALBUCH
für Ameng.us Fans

WIE MAN
SKINS
ZEICHNET
für Ameng.us Fans

Das
WORTSUCHRÄTSEL
BUCH
für Ameng.us Fans

Das
SUPER
QUIZBUCH
für Ameng.us Fans
QUIZ

CARTOONS
und WITZE
für Ameng.us Fans
WTF!

Notizbuch

Crewmate Notizbuch

Impostor
Notizbuch